Sergio Bambaren

DER BOTE

Sergio Bambaren

DER BOTE

Vom wahren Sinn
des Lebens

Aus dem Englischen übersetzt
von Theresia Übelhör

Giger

1. Auflage 2019
© 2019 Sergio Bambaren Roggero
Vermittelt von der Literarischen Agentur Mertin,
Inh. Nicole Witt e. K., Frankfurt am Main, Deutschland
© der deutschen Übersetzung:
Giger Verlag GmbH, CH-8852 Altendorf
Telefon 0041 55 442 68 48
www.gigerverlag.ch
Lektorat: Monika Rohde, Leipzig
Umschlaggestaltung:
Hauptmann & Kompanie Werbeagentur, Zürich
Bilder im Innenteil: shutterstock
Satz: Roland Poferl Print-Design, Köln
Druck: Finidr, Tschechien
ISBN 9783907210031

.

Dem Boten, der in jedem von uns wohnt …

Teile mit mir dein Schweigen,
damit wir miteinander sprechen können.
Teile mit mir deine Einsamkeit,
damit wir zusammen sein können.
Teile mit mir deine Wehmut,
damit wir sie vertreiben können.
Teile mit mir deine Ängste,
damit du nie mehr Angst haben wirst.
Bleibe bei mir wie ein Schutzengel,
damit ich lernen kann,
mich selbst und dich noch mehr zu lieben.
Leiste mir Gesellschaft,
gib mir Kraft.
Und hilf mir, ein für alle Mal zu sagen,
was gesagt werden muss.

I

VOR VIELEN Jahren wurde in einem fernen, von kargen Bergen umgebenen Land, dessen grüne Olivenbäume bis an den friedlichen, kristallblauen Ozean reichten, ein Bote geboren.

Der Legende nach schrie er nicht, als er aus dem Leib seiner Mutter kam, er lächelte. Denn er war auf diese Welt gekommen, um glücklich zu sein, nicht traurig. Er war mit einer Mission gekommen, einer Botschaft von Hoffnung und Liebe. Diese sollte in allen Teilen der Welt gehört werden und vielen anderen helfen, sich an das zu erinnern, was sie vor langer Zeit vergessen hatten.

— * —

DER BOTE wusste vom Augenblick seiner Geburt an, dass jedes Leben von Liebe und Verständnis berührt wurde und deshalb ein Lied der Freude werden könnte, wenn er seine Botschaft der Liebe und die während seines Lebens gewonnenen Erkenntnisse weitergab. Und weil er an seine Mission auf der Erde wirklich glaubte, wurde sie wahr.

— * —

ER WUCHS an einem sicheren und angenehmen Ort auf und wusste, dass ihm hier nichts Schlimmes zustoßen konnte. Aber er wusste auch, dass es ein Ort war, an dem er niemals die wahre Essenz und Schönheit des Lebens würde entdecken können. An diesem sicheren Ort, abgeschottet von allem, was es da draußen gab, war er unfähig, sich mit dem Strom des Lebens zu bewegen, ein stummer Zeuge der Strömungen und Gezeiten zu werden, die weit über die Gewässer der Insel hinaus zum Horizont und zur dahinter verborgenen Wahrheit ziehen. Er wusste, dass er in den Strom des Lebens eintauchen und sich zu fernen Inseln treiben lassen musste. Er durfte nicht auf seine Mitmenschen hören, die ihn warnten, niemals die Sicherheit des Bekannten zu verlassen und gefährliche Orte aufzusuchen, zu denen noch nie irgendjemand zu reisen gewagt hatte. Er musste die ihn umgebenden unsichtbaren Mauern und die Regeln derer, die ihm nahe waren, durchbrechen und sich in die Ferne wagen, um zu lernen, zu spüren, zu leiden, zu leben. Er wollte mit seinen eigenen Augen und seiner Seele sehen, was gesehen werden musste, und um andere schließlich an das zu erinnern, was sie bereits wussten, aber vergessen hatten oder nicht auszusprechen wagten. Deshalb ging er eines Nachts leise zum Ufer – nur die Sterne und der Mond waren Zeugen – und ließ sich vom Ozean seinem Schicksal entgegentreiben. Er umarmte das offene Meer, trieb in seinen Strömungen und Gezeiten und reiste an Orte, die er nie zuvor gesehen oder sich ausgemalt hatte.

— * —

MEHRERE MALE umrundete er die Welt und sah jede Gegend mit eigenen Augen. Er spürte im Herzen, dass es nahe der unberührten Natur und fern von Seinesgleichen einen Ort gab, an dem er sich frei von allen Dogmen fühlen und die Wahrheit erkennen und begreifen konnte, die er schon immer in seinem Herzen getragen hatte. Und er lernte.

Bis er eines Tages am Horizont eine Insel er-
blickte, die er nie zuvor gesehen hatte, größer als
alle anderen, die er bereist hatte. Und er hörte die
Stimme des Meeres ihm sagen:

»Geh an Land, Bote, denn der Augenblick des
Teilens ist gekommen. Lass deine Seele von all
der Schönheit und Liebe, der Trauer, dem Leid
und vielem mehr erzählen, die du erlebt und erfahren hast. Teile denjenigen, die bereit sind, dir
zuzuhören und es sich zu merken, das mit, was du
gelernt hast.«

»Das tue ich, wenn es das ist, was du willst«,
antwortete er.

»Verbreite deine Botschaft der Wahrheit und
der Erkenntnis in alle Regionen dieses schönen
Ortes namens Erde, ohne deine Bescheidenheit je
zu verlieren«, sagte das Meer. »Sorge dafür, dass sie
sich erinnern, worum es im Leben wirklich geht,
und hilf ihnen, dass sie es nie mehr vergessen.«

Schließlich sprangen die Tore seines Herzens
auf, und seine Seele flog weit über den Ozean. Er
schloss die Augen und betete im Stillen.

»Du kamst auf die Welt, um eine Botschaft
der Hoffnung zu verbreiten«, sagte das Meer.
»Wenn du das tust, werden sie mit Sicherheit

kommen. Wenn du die Botschaft weitergibst, werden sie dir zuhören. Lass dein Herz sprechen, und sie werden in deiner Nähe bleiben. Sprich liebevoll und leidenschaftlich und von der Wahrheit, die du erkannt hast. Deine Botschaft wird ihnen helfen, sich daran zu erinnern, dass sie sich nie mehr ängstlich oder einsam fühlen müssen, denn Wahrheit und Glück sind allgegenwärtig und benötigen nur einen Boten, um sich im Herzen des Zuhörers einnisten zu können.«

So ging er an Land und kam an einen Ort, den er nie zuvor gesehen hatte, an einen Platz, an dem er sein Herz sprechen und keinen einzigen Gedanken unerwähnt lassen würde. Er würde seine Seele ein für alle Mal ausschütten und den anderen seine Erkenntnisse mitteilen.

— * —

DIE GESCHÖPFE der Insel starrten ungläubig zum Strand, als sie ihn aus dem Meer steigen sahen, denn das hatte es zuvor noch nie gegeben.

Sie begannen von einer uralten Legende zu erzählen, von der ihre Vorfahren vor langer Zeit berichtet hatten: Dass eines Tages einer, den sie den

Boten nannten, mit einer Botschaft von Liebe und Verständnis aus der Weite des Meeres kommen würde. Deshalb fingen sie an, sich um ihn zu scharen, sie versuchten, ihn zu berühren, ihm nahe zu sein, und sie fragten sich, was er wohl sagen würde.

Der Bote sah sie aus allen Teilen der Inseln herbeiströmen, genau wie das Meer es ihm gesagt hatte, und er nahm seine Bestimmung demütig an. Wenn seine letzte Mission darin bestand, anderen mitzuteilen, was er gelernt und entdeckt hatte, dann würde er das tun und sich niemals gegen den Strom des Lebens wenden, denn seine Aufgabe war in Stein gemeißelt. Er musste das letzte Kapitel dessen, worin seine Mission immer bestanden hatte, abschließen. Deshalb ließ er seine Seele für das, was kommen würde, ausruhen. Er war am Ende seiner Reise angelangt und fühlte sich bereit, seiner endgültigen Bestimmung entgegenzugehen.

— * —

Er stieg auf einen Felsen, der sich in der Mitte eines unberührten Sandstrands erhob und auf dem ihm eine kleine Hütte Schutz bot. Tagelang meditierte und betete er, und nur das Rauschen des Windes und des Regens sowie die Musik der Brandung leisteten ihm Gesellschaft, während sich immer mehr Seinesgleichen am Fuß des Felsens versammelten, auf dem er Zuflucht gefunden hatte. Nach einer Woche kam er heraus und sah, wie viele gekommen waren, um ihm zu lauschen.

Fast nackt setzte er sich auf den Felsen. Er schloss die Augen, denn er hatte gelernt, dass er, um sich eins mit dem Universum zu fühlen, zuerst mit seinem inneren Licht in Kontakt treten und sich einfach selbst treu sein musste, während die Stimme seines Herzens von dem sprach, was er gesehen und erfahren hatte.

Die Geschöpfe, die ihm auf seinen Reisen begegnet waren, leisteten ihm Gesellschaft: Bären, Hirsche und Wölfe stiegen von den Bergen und Wäldern herunter, während Seelöwen und Wasserschildkröten aus dem Meer kamen. Möwen und alle mögliche Vogelarten kreisten am Himmel, selbst Krebse und Echsen kletterten auf den Felsen, auf dem er saß.

Nahe am Ufer schwammen Delfine und Wale und leisteten ihm Gesellschaft, sodass er sich nicht mehr einsam fühlte.

Die Seelen, die sich um ihn geschart hatten, beobachteten ihn und schwiegen, bis nicht einmal mehr der Atem eines einzigen Herzens zu hören war.

Und er sagte:

»Geschätzte Brüder und Schwestern: Ihr seid heute hier, weil ihr hier sein wollt, und ich bin hier, weil ich bei euch sein will. Aber ich bin vor allem deshalb hier, weil ich lediglich ein Bote bin, ein bescheidener Tropfen Liebe in Menschengestalt.

Erschafft keine Legenden oder falsche Propheten, wenn ihr das tut, wird alles, was heute gesagt oder gehört wird, seine Bedeutung verlieren. Ich bringe lediglich eine Botschaft der Wahrheit, die schon immer Bestand hatte und die ihr bereits kennt, die viele aber vergessen haben oder nicht auszusprechen wagen. Würde ich sie nicht mit euch teilen, würde es sich anfühlen, als würde ich mein Herz, das Universum und alles, an das ich glaube und das mir anvertraut wurde, verraten.«

Er streichelte einen zahmen Seelöwen, der den Kopf an seine Brust gelegt hatte, und küsste einen roten Krebs, der versuchte, sich an seiner

Schulter zu wärmen. Dann blickte er auf die um ihn Versammelten und sagte:

»Denn ich wurde durch dieselben Lebenslektionen geprägt und komme von Orten, von denen ihr alle kommt, die viele aber vergessen haben.«

II

»Woher kommst du, Bote?«

»Ich komme von Orten, an denen ausschließlich Weisheit und Wahrheit zu finden sind«, antwortete der Bote. »Ich komme von den Gezeiten und Stürmen des Ozeans und dem Wind, aus einem fernen Land, das auf keiner Landkarte zu finden ist. Ich komme vom Wunder der Liebe und von den im Laufe eines Lebens geschlagenen Wunden. Ich komme aus den Gewässern der Delfine und Wale, und den Wäldern der Bären und Wölfe, von Orten, wo alles wahr und nichts gefälscht ist, aus Räumen, wo man sich erinnert, worum es im Leben wirklich geht. Ich komme aus unberührten grünen Tälern und aus den vom ewigen Eis bedeckten Bergen. Ich komme von der wenig befahrenen Straße. Ich komme aus einer Welt, in der man mit weit geöffneten Augen träumt.

Ich komme aus den mit Olivenbäumen bestandenen Wüsten und aus üppig grünen Wäldern. Ich komme aus großen Städten, wo die Gier und Mobiltelefone viele Seelen beherrschen und vergessen lassen, worum es im Leben wirklich geht. Ich komme von der Musik des Lebens, die alles übertönt, und aus der Stille der Ozeantiefen, wo man sich daran erinnert, wer man ist. Ich komme von der ehrfürchtigen Beobachtung der Sterne und des Mondes bei Nacht und der Sonne und des blauen Himmels bei Tag. Ich komme von meinen Erfolgen und meinen Misserfolgen, aus Ländern, wo weise Seelen gehört zu werden verdienen, und von Orten, an denen man nichts anderes hört als endlosen Lärm. Ich komme von der Reise zu allen Regionen dieses zauberhaften Planeten und habe das Beste und das Schlechteste gesehen. Ich komme aus der Einsamkeit und Stille, die mir geholfen haben, mich selbst wiederzufinden. Ich komme von den Lektionen eines gut geführten Lebens.«

Er hielt eine kleine grüne Echse auf seiner Handfläche.

»Ich gehöre an keinen Ort, obwohl ich an einem solchen geboren wurde, umgeben von Grenzen und unsichtbaren Mauern, die durch Kriege errichtet wurden. Selbst nachdem ich diese ganze wunderbare Welt bereist habe, glaube ich noch immer, dass ich überall und nirgends hingehöre. Als Heimat bezeichne ich den Ort, an dem mein Herz sich erfreut.«

Er setzte sich nieder und ließ die Beine über den Felsen baumeln, auf den er gestiegen war, umgeben von all den Tieren, zu denen er zu sprechen und denen er zuzuhören gelernt hatte, die einzigen Zeugen seiner eigenen und einsamen Reise und seiner Furchtlosigkeit.

Und schließlich sagte er:

»Denn ich komme vom gleichen Ort, von dem ihr alle kommt, den aber viele vergessen haben.«

»*Was hat das Leben dich gelehrt?*«

»Lasst keinen Tag verstreichen, ohne euer Leben zu nähren, ohne die Schönheit der einfachen Dinge zu bemerken. Seid immer wahrhaft zu euch selbst. Die Blumen von morgen sind die Samen von heute. Deshalb pflanzt jeden Tag Samen in die fruchtbare Erde eures Herzens. Wenn ihr das tut, werdet ihr verstehen, wie glücklich und einzigartig ein normales Alltagsleben sein kann. Habt Vertrauen in das Leben und in euch selbst und folgt stets der Stimme eures Herzens. Nehmt das Leben nicht zu ernst. Macht Dummheiten, geht Risiken ein. Es ist euer Leben. Eure eigene Geschichte, euer eigenes Buch … das Buch eures Lebens. Schreibt es jeden Tag mit schönen Farben weiter und bittet niemals andere, es für euch umzuschreiben. Wir haben alle ein Leben und eine Geschichte zu erzählen, deshalb entschuldigt euch nie für das, was ihr schreibt. Fühlt euch unbesiegbar, ohne eure Bescheidenheit zu verlieren.

Umgebt euch mit Leuten, von denen ihr lernen könnt, mit guten Menschen, Menschen mit offenem Herzen. Rechnet mit Schmerzen und Leid, denn sie sind Teil eines jeden Lebens. Lernt, während ihr leidet, und werdet stärker, damit ihr nicht zwei Mal die gleichen Fehler begeht. Lernt die Lektion, damit ihr das Leben, wenn die Sonne schließlich wieder scheint, immer voller Optimismus betrachtet. Denn nur diejenigen, die Frieden mit sich selbst finden, werden nie mit der Welt im Krieg sein. Ihr werdet ewigen Frieden empfinden und für diejenigen um euch herum das Licht einer Kerze sein.

Vergesst nie, dass nur ihr selbst euer Schicksal bestimmt. Hört nicht auf diejenigen, die euch sagen, wie ihr euer Leben zu führen habt: Nur ihr könnt die Musik eurer Seele hören, sonst niemand. Begreift, dass das, was hier richtig ist, andernorts falsch sein könnte. Die Reise eures Lebens ist nicht in Holz oder Stein geschrieben. Sie wird durch eure Taten und Entscheidungen auf eurem eigenen und einzigartigen Weg bestimmt.

Betrachtet nie die Jahre eures Lebens, lebt jeden Augenblick und erfüllt eure Jahre mit Leben, denn es ist wichtiger, wie man gelebt hat, als wie lange man gelebt hat. Denkt immer daran, dass es überall Güte und Boshaftigkeit gibt. Wenn ihr also an einer Rose riechen wollt, seid bereit, ihre Dornen zu spüren. Es werden immer graue Wolken am Horizont sein: Doch früher oder später werden sie sich verziehen. Ihr müsst nur Geduld haben. Kostet das Leben aus und stellt eure Taten nicht ständig in Frage: Es ist immer besser, etwas Neues auszuprobieren und zu leiden, als es erst gar nicht zu versuchen, selbst wenn euer Herz schmerzerfüllt ist. Denn wenn ihr euch nicht selbst davor bewahrt, ein Niemand zu sein, wer wird es dann tun?

Jede Lebensphase hat ihre eigene Schönheit, also hört nicht auf diejenigen, die euch sagen, eure besten Jahre seien längst vorbei. Denn als ich dreißig war, erzählten mir viele von der Lebenskrise, in die ich bald geraten würde. Als ich vierzig war, sagten sie das Gleiche. Als ich fünfzig war, beharrten sie weiter darauf, und dennoch warte ich noch immer auf die Krise, von der ich weiß, dass sie nie kommen wird. Denn wenn man die Vergangenheit mit guten Erinnerungen füllt, wenn man lernt, im Hier und Jetzt zu leben und zukünftigen Träumen entgegenzusehen, überwindet man Zeit und Raum. Das Alter wird bedeutungslos. Ihr werdet euch freuen und dem Leben immer für das dankbar sein, was es ist: ein Geschenk des Universums.

Betrachtet jeden Tag eures Lebens als einzigartige Chance, etwas Perfektes zu entdecken. Sorgt dafür, dass jeder Augenblick eures Lebens erinnerungswürdig ist.«

»Was bedeutet Liebe für dich?«

»LIEBE KÖNNEN wir nur schenken«, antwortete der Bote, »denn alles andere ist nehmen. Teilt eure Liebe mit allen um euch herum, und eines Tages werdet ihr die Welt mit den Augen der Liebe sehen. Glaubt mir, nichts ist damit vergleichbar.

Sei eine Quelle der Liebe, die nie zu geben aufhört, selbst in den schwierigsten Augenblicken nicht, denn die Welt ist voll von Nehmenden. Versuche, nicht einer von ihnen zu sein. Sei ein Schenkender und spüre die Magie des Gebens, ohne um eine Gegenleistung zu bitten.

Liebe ist in allem, was je geschehen ist und in allem, was noch kommen wird. Lerne zuerst dich selbst, so wie du bist, bedingungslos zu lieben und zu akzeptieren, und dann gehe hinaus und suche jemanden, der dich noch ein bisschen mehr liebt: Es gibt keine bessere Möglichkeit, den Samen der Liebe zu verbreiten.

Beklage dich nie über die Liebe: Lass sie nicht wie einen Traum beginnen und dann zu einem Albtraum werden, verschließe die Liebe niemals, denn sie wird die Tür aufstoßen, wenn die Zeit gekommen ist. Lass die Liebe nicht zu einer aussichtslosen Sache verkommen, denn es ist eine Frage des Glaubens, sie nie zu einer Lüge werden zu lassen. Denke immer daran, dass die Liebe ihre eigene Geschwindigkeit hat, also versuche nicht, sie anzutreiben oder zu verlangsamen, denn die Liebe bedarf nichts weiter als zu sein. Liebe ist die Schönheit, die nie verwelken sollte. Lass sie mit ihren eigenen Flügeln fliegen. Man wird geliebt, weil man geliebt wird. Die Liebe bedarf keines Grundes.

An manchen Tagen wirst du die Liebe stärker spüren als an anderen. Akzeptiere diese Wahrheit, wie alles Übrige im Leben, aber liefere dich ihr niemals aus.

Blicke eines Morgens in die Welt und höre nur das Geräusch des strömenden Regens. Lege deine Seele und dein Herz in deine Hand und streichle beide. Lerne die Welt mit deinem Herzen, nicht mit den Augen zu sehen, und spüre die Liebe dessen, was du siehst. Entledige dich deiner Ängste und mach dich frei von allem, was mit deinem Ego zu tun hat. Sei bescheiden.

Suche nach der Liebe, die du nie gefunden, aber immer in dir getragen hast. Sei mutig. Begrüße die Liebe. Mach sie zu deiner Liebe. Denke immer daran, dass die Liebe kein Alter kennt, denn ein wahrhaftiges Herz hat keine Falten. Eines Tages werden deine Augen auch ohne dein Zutun die Spiegel deiner Seele sein und du wirst die wahre Bedeutung der Liebe begreifen. Erst dann wirst du lernen, Seelen und Herzen statt Körper zu umarmen.

Habe den Mut zu lieben, dann wirst du ein ganzes Universum entdecken, obwohl du nur einen Planeten erwartet hast. Die Liebe ist alles und überall und wird da sein, um von dir umarmt zu werden, wenn du es nur zulässt.

Die Liebe wird immer gegenwärtig sein. In deiner dunkelsten Stunde wird sie dein Licht, in deinem traurigsten Moment dein Trost und in deinen schwierigsten und kritischsten Zeiten deine Stärke sein. In deinen glücklichsten Stunden wird sie als einzige Zeugin der Feier des Lebens mit dir lachen. Die Liebe wird immer Heilung und Lösung bereithalten.

Vergiss nie, dass der größte Schatz aller in dir bereits vorhandenen Leben schon in dir ist: die bedingungslose Liebe.«

»Glaubst du an das wahre Glück?«

»Es ɪsᴛ so leicht, glücklich zu sein«, sagte der Bote. »Aber es ist nicht leicht, auf der ganzen Lebensreise einfach zu bleiben.

Glück bedeutet leben, nicht nur existieren. Glück beginnt in dem Augenblick, in dem ihr erwacht. Das heißt, das Leben zu leben, das euch gehört, nicht das Leben, das andere wollen, dass ihr lebt. Glück wohnt in dem, was für euch richtig ist. Vorgetäuschte Worte oder Taten werden die wahre Bestimmung eines sinnvollen Lebens verraten, denn ihr könnt andere belügen, aber niemals euch selbst.

Glück wohnt in einem Herzen, das konsequent handelt und keine Angst hat, ein transparentes Dasein zu führen. Wenn ihr euer Leben mit Geheimnissen oder Lügen anfüllt, wird das Glück erlöschen. Wenn ihr euer Leben mit Taten anfüllt, die anderen schaden, dann werdet ihr euch, auch wenn sie es niemals herausfinden, nur selbst zu einem sinnlosen Leben verdammen, einem Leben, in dem ihr nur existiert, euch aber nie lebendig fühlt.

Haltet Gefühle von Wut, Rache, Neid und auch den Vergleich mit anderen von eurem Geist und eurem Herzen fern. Fließt mit dem Strom eures Lebens. Seid einfach. Wir sind eine Weile hier, nicht für lange. Und es kann eine gute Zeit mit viel Liebe, viel Lachen und viel Tanzen unter dem Mond und dem Regen sein. Geht einfühlsam mit euch um, in aufrichtiger Gemeinschaft. Es gibt niemanden, der sich über eure Taten Notizen macht. Viele gute Taten werden für euch zur Quelle des Glücks. Wenn ihr es richtig spürt, voll Dankbarkeit und Liebe, ist es wie der Himmel auf Erden. Haltet es einfach.

Die Augenblicke von heute sind die Erinnerungen von morgen. … akzeptiert mit tiefem inneren Frieden, was der Tag euch bringt. Seid glücklich.

Wahres Glück spürt man, wenn das Herz schneller schlägt, als der Geist denken kann. Gebt jedem Tag die Chance, euch und andere wirklich glücklich zu machen, denn das Teilen ist für jeden, der es tut, ein Geschenk. Ihr werdet erstaunt sein, wie freudig erfüllt euer Herz und eure Seele dadurch sind.

Seid beharrlich, folgt eurem eigenen einzigartigen Weg durch euer ganzes Leben, ohne jemals zu vergessen, wie leicht es ist, Freude zu empfinden. Lasst euch von den einfachen Dingen des Lebens weiter in Staunen versetzen. Lasst nicht zu, dass das Glück durch eine sich ständig verändernde Welt getrübt wird. Von einer Zeit und einem Raum, die euch zu überzeugen versuchen werden, dass das Glück in schickem Spielzeug, falschen Propheten und fadenscheinigem Ruhm zu finden ist. Genießt diese, wenn sie euch gefallen, aber erhebt sie nicht zu Göttern, denn das sind sie nicht.

Das Glück wird immer in den einfachen Dingen des Lebens zu finden sein, in der Erkenntnis, dass ihr die Macht habt, die Welt aus einem Blickwinkel zu sehen, der für eure Augen unsichtbar ist: Glück ist eine Entscheidung des Herzens.

Dank meiner Reisen um die Welt habe ich die Wahrheit erkannt, die schon immer Bestand hatte und die mir half, viele Lügen zu vergessen, die mir von Kindesbeinen an erzählt wurden. Denn die Wahrheit wird euch immer frei machen. Begrüßt sie in eurem Herzen, eurer Seele und eurem Geist. Ihr werdet nie einen besseren Ort finden, an dem ihr anfangen könnt, wahres Glück zu empfinden, denn es ist nicht etwas, was einfach geschieht, es ist etwas, was ihr erschaffen könnt. Es ist nicht das Mittel zum Zweck. Es ist der Zweck selbst. Es ist sein eigenes Ziel. Es ist sein eigener Zweck.

Seid bescheiden, bewahrt die Einfachheit. Seid glücklich.«

»Welche Welten hast du gesehen?«

»Fragt mich nicht, was ich gesehen habe. Geht lieber und schaut selbst, denn jedes Herz schlägt zum Rhythmus eines anderen Trommlers. Es ist nie zu spät, alle die hinter dem Horizont verborgenen Schätze zu entdecken. Betrachtet sie mit euren eigenen Augen und eurem Herzen, denn ich kann euch nicht das erklären, was ihr nicht gesehen oder gespürt habt.

Ich kann euch nur von dem berichten, was ich auf meinen Reisen erfahren und entdeckt habe: Dass die Welt unser großes Zuhause ist und alle Antworten auf eure Fragen auf jeder Straße geschrieben stehen, die ihr entlangzugehen wagt. Reisen heißt, die Wahrheit entdecken; es bedeutet, parallele Welten zu erkennen, von deren Existenz ihr nichts wusstet, und die Wahrheit mit dem eigenen Herzen und der eigenen Seele zu sehen. Je weiter ihr reist, desto mehr werden sich eure Horizonte erweitern; und falls es keine Straße mehr gibt, während ihr noch immer nach einer Antwort sucht, schafft euren eigenen Weg. Habt Vertrauen in euch, in andere und in das Universum. Seid euch gewiss, dass in diesem Leben alles möglich ist, und seid überzeugt, dass alles, was euch durch den Kopf geht, Realität werden kann, wenn ihr es mit der richtigen Entschlossenheit und dem richtigen Engagement angeht.

Es gibt nur eine Möglichkeit, zu lernen und Weisheit zu erlangen, und niemand kann das für euch übernehmen. Also seid mutig und sprengt alle Ketten, die euch davon abhalten, euch an das, was ihr bereits wisst, zu erinnern. Seid furchtlos, verlasst eure Komfortzone. Reist und entdeckt selbst die Wahrheit und spürt sie in eurem Herzen. Euer Leben und eure Sicht der Welt werden sich für immer verändern. Glaubt nicht alles, was euch zu Ohren kommt, traut nicht allem, was ihr lest. Doch lasst vor allem niemals zu, dass euer Geist Themen stiehlt, die ausschließlich eurem Herzen gehören. Sucht nie nach falschen Propheten oder Wahrheiten, die keine sind. Entdeckt die Wahrheit für euch selbst, und keine Lügen können eure Reise erneut trüben. Habt keine Angst, der zu sein, der ihr seid, und lebt entsprechend, denn das Leben findet immer seinen eigenen Weg. Denkt jeden Morgen daran, dass das Einzige, was wirklich euch gehört, eure Zeit ist: Alles andere ist geliehen. Also vergeudet eure kostbare Zeit nicht mit dem Versuch, euch anzupassen. Seid lieber ihr selbst und verratet eure eigene Existenz nicht.

Haltet durch und lernt, die Angst um ihrer selbst willen zu überwinden. Reist, fühlt, schmeckt, geht Risiken ein. Folgt stets der Stimme eures Herzens, des Ortes, an dem die Wahrheit und die Erkenntnis beheimatet sind. Fühlt euch niemals einsam, wenn andere euch nicht verstehen, schließlich kommen wir allein auf diese Welt und verlassen sie in jedem Fall auf die gleiche Weise. Was wir mit unserem Leben anfangen, ist die einzige Wahrheit, die zählt. Verwandelt euch in den Steuermann eurer eigenen und einzigartigen Existenz. Seid der Kapitän eures eigenen Schiffes, egal ob es groß oder klein ist. Eure Träume können nicht in Zeit, Größe oder Geld gemessen werden. Sie werden nie von anderen abhängig sein, sondern nur von euch. Lasst sie wahr werden. Und wenn ihr eure Träume wahr werden lasst, teilt die Liebe, die ihr in jedem eurer

Träume entdecken werdet. Erfüllt eure Mission, erinnert euch an das, was andere euch vergessen machten, denn am Ende werdet einzig ihr und ein Spiegel Zeugen dessen sein, was ihr aus eurem Leben gemacht habt. Niemand sonst wird da sein. Wir sind lediglich Reisende, die eine Aufgabe zu erfüllen haben. Seid mutig und verratet euch nicht. Denn es ist immer besser, etwas einmal mit eigenen Augen zu sehen, als tausend Mal davon zu hören. Beim Reisen geht es nicht um das Ziel, sondern um die Reise selbst.«

»Was fühlst du, wenn du allein
in der Natur bist?«

»WIR SOLLTEN uns alle die Zeit nehmen, uns in der Natur aufzuhalten, ohne Begleitung, nur wir allein. Dann werdet ihr euch mit Sicherheit an längst vergessene Dinge erinnern.

Legt euch in ein Zelt und haltet euch von künstlichen Lichtern fern, von Geräuschen, die nur Lärm sind, von den Lektionen, die uns von anderen darüber beigebracht wurden, wie wir handeln und denken sollen. Entzieht euch der Routine. Erkundet und entdeckt neue Wege.

Vergesst nie, dass wir Teil der Natur sind, nicht deren Besitzer. Lasst die Brise über eure Körper streichen, lasst die Sonne grüner Felder oder des weißen Sands unberührter Strände eure Haut parfümieren und wärmen. Lernt wieder, langsam zu atmen, und beobachtet den Rhythmus dessen, was euch umgibt, denn nichts bewegt sich schnell, und alles hat seine eigene natürliche Geschwindigkeit. Geht barfuß und spürt die Erde und das Gras unter euren Füßen. Lauscht der Musik der Wellen oder dem Gesang eines Vogels, ja sogar dem Flügelschlag eines schönen Schmetterlings. Erinnert euch an das, was ihr vor langer Zeit gewusst habt.

Reinigt eure Seele von den vielen falschen Vorstellungen, an die ihr durch die Routine, die ihr angenommen habt, zu glauben begonnen habt. Entdeckt euren Wesenskern wieder und wer ihr wirklich seid. Erneuert euch und findet wieder euren Frieden. Vergesst alles, was nicht echt ist. Die Natur hat einen zauberhaften Duft, eine heilende Wirkung, die man nirgendwo sonst finden kann. Sie entfaltet sich in jeder Blume, jedem Baum, jedem Tier, sei es groß oder klein.

Wir können stundenlang auf den Horizont blicken oder das Licht eines Feuers beobachten und dessen Wärme spüren: In diesen Augenblicken der Erleuchtung erinnern unsere Seele und unser Herz uns daran, woher wir kommen. Und unser Herz wird friedvoll und gelassen Worte der Erkenntnis flüstern, denen nur die Seele lauschen kann, denn in der Natur werdet ihr einen spirituellen Reichtum entdecken, der sonst nirgendwo zu finden ist.

Ein weiser Mann hat einmal gesagt, wir glauben an einen Gott, den wir nicht sehen, und dennoch ist die Natur der einzige Beweis für diesen Gott, an den viele glauben, den sie aber nicht berühren können. Es ist nicht nötig, die Knie zu beugen oder die Hände zu falten, um sich Gott näher zu fühlen. Ein Regenbogen oder allein die Stille eines grünen Waldes werden euch dem großen Geist, der in euch und nirgendwo sonst wohnt, näher fühlen lassen. Die Natur wird euch mit allem versorgen, ohne eine Gegenleistung zu fordern. Sie ist ein ewiges Kind, das weder weiß, was Hass, Neid, Gier noch Krieg bedeuten. Die Natur kennt weder den Wert des Geldes noch die Abhängigkeit, die es mit sich bringen kann, und spendet mit einem Ort, an den man sich vor der Kälte flüchten kann, Trost. Sie versteht alles, ohne ein Wort zu sagen, weil ihre Augen so rein sind wie ihre Seele. Sie kennt kein Ressentiment, weil Vergebung ihr natürlicher Wesenszug ist. Sie versteht, die Treue zu lieben.

Wir sind Teil der Natur. Lasst niemals zu, dass ihr das aus Stolz oder Arroganz vergesst.«

Er blickte auf die fernen Wälder, weit oben an den Bergen, auf das Meer, das den Felsen, auf dem er saß, sanft umspülte. Dabei liebkoste er den schönen Seelöwen neben sich, während er einen Seestern vorsichtig auf seiner Hand hielt.

»Lernt, die Natur zu lieben, und erkennt, dass ihr Teil von ihr seid. Gewiss werdet ihr eines Tages den in einem Regenbogen verborgenen Worten lauschen. Bäume werden euch umarmen. Vögel werden zu euch sprechen. Seelöwen und andere Tiere werden nie mehr Angst vor euch haben, und Seesterne werden auf eurer Hand Zuflucht suchen, weil sie eure Gesellschaft lieben. Und ihr solltet das ebenfalls.«

»*Aber wir wollen alle zugehörig sein …*«

DER BOTE blickte dem, der gesprochen hatte, direkt in die Augen, und sein Herz erfüllte sich mit Freude, weil jemand eine Frage gestellt hatte, die viele aus Angst nicht zu stellen wagten. Und er freute sich über den Mut dieser jungen Seele.

»Wann werden wir mutig genug sein, der zu sein, der wir nie waren, aber immer sein wollten?

Werft all die Masken fort, die ihr im Alltagsleben benutzt, bevor sie euch für immer am Gesicht kleben bleiben. Öffnet euren Geist für neue Gedanken, die aus eurem Herzen kommen können, und vergesst alte Dogmen und Tabus. Entdeckt euer wahres Selbst und sei es nur für einen Augenblick, besser aber für den Rest eures Lebens.

Ihr braucht nicht Teil von etwas zu sein, zu dem ihr nie gehört habt, denn wenn euer Herz im Rhythmus eines anderen Liedes tanzt, wieso solltet ihr fürchten, diesen zu begrüßen? Es ist besser, Herr des eigenen Schicksals zu sein, als mit dem

Strom vieler anderer zu schwimmen, der euch nirgendwohin führt. Der Tag, an dem ihr lernt, euch mit euch selbst nicht mehr allein zu fühlen, wird der Tag sein, an dem ihr endlich die Reise eures eigenen Lebens antreten werdet.

Manchmal werdet ihr Angst haben, auf euer Herz zu hören, denn wer fürchtet sich nicht vor Veränderung, vor dem Gefühl, allein zu sein? Doch vergesst nie, dass wir alle einen wunderbaren Freund haben, der uns stets begleiten und uns daran erinnern wird, uns nicht in dem Lärm dessen, was richtig und falsch ist, zu verlieren: das Kind, das immer in unserem Herzen sein wird. Hört auf es, denn es hat noch nicht gelernt zu lügen und wird uns stets daran erinnern, wer wir sind. Es wird euch immer die Kraft verleihen, auf euren eigenen Beinen zu laufen, denn auf der Lebensreise ist es der Wille des Herzens, der über unser Schicksal entscheidet. Um unsere Ziele zu erreichen, müssen wir nicht nur handeln, sondern auch träumen, nicht nur planen, sondern auch glauben.

Das Kind weiß besser als jeder andere, dass die besten und wichtigsten Dinge im Leben kostenlos sind. Es weiß, dass Hoffnung die beste Seelennahrung ist und dass das Wesentliche den Augen stets verborgen bleibt.

Hoffe, dass du der einzige Herr deines Schicksals sein wirst und dass die Menschen um dich herum sich niemals in die Schönheit des Lebens, das du vor dir hast, einmischen werden. Denn du solltest lernen, sowohl in der Einsamkeit als auch inmitten der Menge du selbst zu sein und sonst niemand.

Manchmal wird das Leben den Kern unserer Tugend erschüttern und unsere Integrität auf die Probe stellen. Es sind diese herausfordernden Momente, in denen man herausfindet, aus welchem Holz man geschnitzt ist. Das Leben wird euch früher oder später zeigen, dass nichts ewig ist, nicht einmal der Schmerz und das Leid. Also haltet euch fest, wenn der Sturm von allen Seiten angreift, und bedenkt, dass er irgendwann nachlassen wird. Verliert nie die Hoffnung.

Ich kann euch sagen, dass eine der größten Leistungen meines Lebens darin bestand, mir immer treu geblieben zu sein, egal, was die anderen gesagt oder gedacht haben. Dass sich durch die Entdeckung meines wahren Wesens jeder Schritt in meinem Leben gelohnt hat, selbst wenn ich mich irrte.

Nur wenn du dir selbst treu bleibst, wirst du einzigartig: Denn wenn du dich irrst, kannst du niemandem die Schuld dafür geben. Und wenn du recht hast, wirst du von einem Erfolgsgefühl erfüllt, das nur du empfinden kannst. Zumindest für mich ist es mehr als genug, der Herr meines eigenen Schicksals zu sein.«

»Glaubst du an den Himmel
oder die Hölle, Bote?«

»SELBSTVERSTÄNDLICH glaube ich daran, aber nicht in verlorenen Welten oder an unsichtbaren Orten. Himmel und Hölle sind der ewige Kampf zwischen Gut und Böse, der während unseres ganzen Lebens tief in unseren Herzen und Seelen nachklingt.

Glaubt nicht an Dogmen oder uralte Geschichten, die nur erfunden wurden, um euch Angst einzujagen. Sie sind Teil der Menschheitsgeschichte: Ein paar wenige Leute, die immer versuchen, durch die Macht der Angst die vielen anderen zu dominieren. Ein paar wenige Leute, die die Kontrolle über die Leben vieler übernehmen und uns ein Gefühl der falschen Zugehörigkeit vermitteln, das Gefühl, nicht allein zu sein. Religionen sollten uns nie aufgrund von Angst oder Wohlwollen an Himmel oder Hölle glauben lassen, denn Glaube ist eine Entscheidung des Herzens. Woran ihr auch immer glaubt, versichert euch, dass euer Glaube direkt aus eurer Seele kommt. Ich habe auf meinen Reisen so viele Religionen kennengelernt, und am Ende habe ich begriffen, dass alle Religionen dazu gedacht sind, zur Spiritualität zu führen.

Manche Religionen werden mit der Zeit ganz verschwunden sein. Viele gibt es schon nicht mehr, denn das Reich Gottes, so wie ihr es persönlich versteht, wohnt in euch selbst, nirgendwo sonst. Macht eure Spiritualität zum Zentrum eures Glaubens. Lasst Gott in eurer Seele Platz finden.

Auf meinen Reisen habe ich so viele erstaunlich spirituelle Seelen gesehen, die nicht religiös sind und die dennoch ihren Glauben leben und praktizieren und ein heiligmäßiges Leben führen. Doch ich habe auch viele gesehen, die zwar ihre Religion praktizieren, aber fernab des Tempels sprechen ihre Taten eine ganz andere Sprache. Spiritualität ist ein wesentlicher Teil jeder Religion. Trotzdem kann man ein spirituelles Wesen werden, ohne notwendigerweise religiös zu sein.

Ja, liebe Brüder und Schwestern: Wir sind die einzigen Bauherren unseres eigenen Himmels oder unserer eigenen Hölle. Denn die Tore der Hölle sind eine kurvenreiche Straße endloser guter Absichten, und die Tore des Himmels sind die Reise eines gut gelebten Lebens, das sich durch Taten, nicht durch Worte auszeichnet. Ein Ort, der all denjenigen mit einem aufgeschlossenen Herzen immer offen steht, egal, wie viel Schmerz oder Glück sie ertragen. Denn Himmel und Hölle sind kein Ort, sondern ein Bewusstseinszustand und das Ergebnis eurer Taten.

Ihr habt die Wahl: den freien Willen. Konzentriert euch auf das, was ihr liebt, und liebt andere bedingungslos, tut niemandem etwas zuleide und lernt zu vergeben, seid bescheiden. Seht immer das Positive im Leben, denn die Realität wohnt im Herzen des Betrachters. Lernt, euren eigenen Himmel hier auf Erden zu errichten.

Beurteilt andere nicht, lernt zuzuhören und seid Gebende, ohne jemals eine Gegenleistung zu verlangen: Seid mutig und versucht, ein transparentes Leben zu führen. Lächelt, weint und liebt das Leben: Ihr werdet erkennen, dass der Himmel viel näher ist, als ihr vielleicht denkt.

Ihr werdet keinen Garten Eden in eurem eigenen Himmel finden und mit Sicherheit nicht für immer in der Hölle schmoren. Allerdings wird eine einfache Entscheidung hinsichtlich eurer Einstellung dem Leben gegenüber den ganzen Unterschied ausmachen: Ihr habt die Wahl.«

»Hast du Angst vor dem Sterben?«

»DER TOD ist eine Grenze, die noch keiner von uns überschritten hat, er ist aber in jedem Fall der letzte Vorhang, auf den wir alle zusteuern. Er ist das einzige Tor, das uns in Angst und Schrecken versetzen wird, wenn wir es ihm gestatten, oder aber er wird uns den ewigen Frieden bringen, nach dem sich viele von uns sehnen. Er wird uns treffen, wenn wir es am wenigsten erwarten, mit seinem perfekten Timing und auf eine Art und Weise, die wir uns nicht aussuchen können. Die Angst vor dem Tod ist eine sinnlose Furcht davor, von dem gelähmt zu werden, was wir nicht verstehen können.

Ich war schon mehrfach einem bestimmten Tod nahe, und das waren genau diejenigen Momente, die mich gelehrt haben, mich zu bemühen, ein sinnvolleres Leben zu führen. Das Leben ist ewig, genau wie die wahre Liebe unsterblich ist. Der Tod ist nur ein Horizont, der Beginn von etwas Neuem. Warum sollten wir fürchten, was wir nicht verstehen?

Nur wenige von uns erinnern sich an den Moment der Geburt, und dennoch beginnen wir im Laufe der Jahre unsere Sterblichkeit zu spüren, und die Angst zerfrisst uns. Wir glauben an Götter, die uns ein Leben ohne Leiden versprechen, sobald wir unseren Körper verlassen haben, und dennoch leben wir in Angst vor genau diesem Augenblick. Es ist sehr eigenartig, die Sterblichkeit zu akzeptieren. Das ist eines der Dinge, die man immer ignoriert. Die Tage vergehen, und man wartet darauf, dass sie immer so weitergehen, bis das Unerwartete eintritt. Wir stellen uns immer vor, dass wir mit der Zeit alt werden, graue Haare bekommen, eine schöne Familie haben. Doch das Leben ist zerbrechlich, kostbar und unvorhersehbar, deshalb vergesst nie, dass jeder Tag ein Geschenk ist und kein erworbenes Recht.

Der Tod ist einfach das Ende des Tages, an dem wir geboren wurden. Deshalb füllt die Zeit zwischen Geburt und Tod mit Lachen, Freude, Geben und eurem eigenen und einzigartigen Leben. Wenn ihr das tut, wird der Tod euch im-

mer mit einem Lächeln in eurem Gesicht an-
treffen. Ihr werdet erkennen, dass euch der Beginn eines wunderbaren neuen Abenteuers erwartet.

Dann werdet ihr lernen, den Tod nicht mehr
zu fürchten.«

»Und was ist mit der Zukunft?«

»Die Zukunft gehört all denjenigen in allen Winkeln der Erde, die ein junges Herz haben«, sagte der Bote. »Doch vergesst nie, dass das, was euch erwartet oder was ihr zurückgelassen habt, im Vergleich zum jetzigen Augenblick, Kleinigkeiten sind.

Ich hoffe, die Zukunft wird uns wieder unsere Menschlichkeit spüren lassen. Denn ich habe großartige Technologien gesehen, die Gesichter ohne Herzen zeigen, uns aber dennoch helfen, ein besseres Leben zu führen, wenn wir sie benutzen. Ich habe viele Menschen den ganzen Tag auf einen gläsernen Bildschirm starren sehen, den sie Mobiltelefon nennen, als wäre das Wesentliche im Leben in einem Stück Glas zu finden. Zugleich kann uns dieser kleine Bildschirm, wenn er klug eingesetzt wird, kostbare Zeit sparen, die wir für wichtigere Dinge nutzen können. Deshalb überlegt gründlich: Wollt ihr eine Technologie, die euch dient, oder wollt ihr deren Gefangene sein?

Wir verbringen immer mehr Zeit vor Bildschirmen. Vor großen und kleinen. Unsere Einsamkeit lässt uns an Orten Zuflucht suchen, die unser Gefühl der Einsamkeit nur noch weiter verstärken. Aber egal, wie lange wir darauf starren, unsere Leere wird größer, weil wir das, was wir nur sehen, weder umarmen noch berühren können. Die Zukunft wird von uns geschaffen. Deshalb überlegt sorgfältig, wie die Zukunft aussehen soll, bevor es zu spät ist. Gebt seelenlosen Glasbildschirmen die Bedeutung, die sie verdienen, nicht mehr.

Umgebt euch mit Herzen, die wie Blumen blühen, und lasst euch im Alltagsleben immer wieder von Gedanken, Menschen, der Natur, von Worten und Gesten berühren. Sucht nach den Düften des Lebens, teilt eure Gedanken mit denjenigen, die es wert sind. Und wenn ihr etwas lernen wollt, berührt, fühlt, umarmt und sucht Gesellschaft.

Ich kann euch sagen, dass die Zukunft euch manchmal verängstigen wird. Bleibt unvernünftig und geht Risiken ein, denn wenn ihr das nicht tut, werden eure Tage zum Alltagstrott, der euch langsam umbringen wird, selbst wenn ihr noch immer gehen und atmen könnt: Das Gestern wird sich wie das Heute anfühlen, und das Morgen wird wieder genau gleich sein.

Das Starren auf einen kalten, bunten Bildschirm wird euch der kostbarsten Geschenke berauben: eurer Zeit in dieser Welt und eurer Spiritualität. Ist es das, was ihr euch für euer Leben wünscht? Ich habe immer gewusst, dass ich nicht lange hier auf der Erde sein werde, aber ich habe auch gewusst, dass ich jeden Tag leben sollte, als wäre es der letzte. Das Leben kann sich von einem Moment auf den nächsten verändern, und alles, was ihr für die Zukunft geplant habt, wird nicht mehr möglich sein. Sucht heute, nicht morgen, nach geistigem, emotionalem und spirituellem Glück, denn die Zukunft wird heute errichtet. Bemüht euch, ein gesundes Leben zu führen, nicht nur körperlich, sondern vor allem geistig. Genießt die Technologie, die Geräte, die eurer kostbaren Zeit Sinn verleihen. Lasst euer Herz frei fliegen und spüren, was es spüren muss, sei es gut oder schlecht. Gebt euch nicht mit einem unbeschwerten Leben zufrieden, führt ein einfaches Leben.

Ja, niemand kann die Zeit zurückdrehen und das Getane ungeschehen machen, aber mit Sicherheit kann jeder in diesem Augenblick ein neues Leben beginnen und ein wunderbares neues Ende erschaffen.«

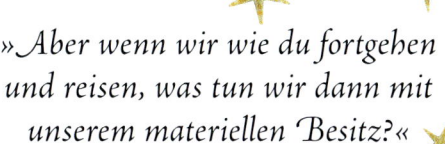

»Aber wenn wir wie du fortgehen und reisen, was tun wir dann mit unserem materiellen Besitz?«

»VON KINDHEIT an wird uns glauben gemacht, materieller Besitz würde Glück in unser Leben bringen, als wären Objekte die Erfüllung eines gut geführten Lebens. Aufgrund meiner Erkenntnisse im Leben habe ich beschlossen, lieber zu sein als zu haben.

Es gibt immer zwei Wege, genug zu erhalten. Der eine ist, weiter immer mehr anzuhäufen. Der andere besteht darin, weniger haben zu wollen. Das Leben hat mich gelehrt, weniger zu begehren, und für mich hat das alles verändert.

Lasst euch nicht von dem Glück täuschen, das Geld, wie ihr meint, euch bringen wird, denn das wird nicht der Fall sein. Geld ist, wie alles andere, kein Selbstzweck, sondern Mittel, um es klug zu nutzen und zum Bestandteil eures Glücks zu machen: Niemand verdient es, materiell gesprochen, arm zu sein. Wir sollten uns alle bemühen, in finanzieller Sicherheit zu leben, damit wir uns darum keine Sorgen mehr zu machen brauchen. Aber begeht nicht den Fehler, euch von Geld abhängig zu machen.

Es gibt wertvollere Dinge im Leben eines jeden Menschen: Zeit, Freunde, Reisen, Träume, Familie, Frieden, Spiritualität und vieles mehr.

Zeit ist das einzige Gut, das nie mehr zurückkommt, denn das Leben geht weiter, und das Jetzt wird mit einem Mal zur Vergangenheit. Jeder im Sterben liegende Mensch wird euch mit Sicherheit sagen, dass sein wichtigster Besitz die Zeit war. Jeder, der im Sterben liegt, würde sein ganzes Hab und Gut hergeben, um sich mehr Zeit zu kaufen. Aber das kann er nicht. Möchtet ihr warten, bis diese Wahrheit an eure Tür klopft?

Es ist die Gier, die den Menschen vom Rest der Natur trennt. Sie ist die schlimmste Krankheit, mit der man sich anstecken kann. Ich habe sie mit eigenen Augen gesehen. Auf materiellen Besitz basierendes Glück infiziert uns als Kinder und treibt uns als Erwachsene noch weiter an. Gier kennt keine Grenzen, denn wenn du das erreicht hast, was du zuerst begehrtest, wirst du noch mehr haben wollen. Und wer hat in diesem absurden Wettrennen, das dich nirgendwohin bringt, nicht zumindest einmal bei einer verhassten Arbeit gedacht: ›*Ist das das Leben, das ich immer führen wollte? Was ist aus meinen Träumen geworden?*‹ Und häufig schlagen wir uns diese wichtige Lebensentscheidung aus dem Kopf, anstatt unserer traurigen Realität ins Auge zu blicken und sie zum Besseren zu verändern. Sei das nächste Mal, wenn du dir diese unangenehmen Fragen stellst, mutig und verändere dein Leben zum Besseren.

Die Gleichsetzung von Geld und Glück ist zur größten Illusion unserer Zeit geworden. Sie hat uns unserer Menschlichkeit beraubt und uns vergessen lassen, was für ein Geschenk die Zeit ist.

Die Menschen, die ihre Arbeit lieben, arbeiten nie für das Geld, das sie damit verdienen, sondern weil sie das, was sie tun, lieben. Das ist sinnvoll verbrachte Zeit: den Lebensunterhalt mit dem, was man liebt, zu erarbeiten. Gier wird sich in deren Herzen nie einnisten, denn in einem glücklichen Herzen ist kein Platz für Gier. Diese Menschen wissen, dass das Geld, das sie erhalten, niemals das Gefühl von Erfüllung ersetzen wird, das zu tun, was man liebt.

Gebt euren Kindern den besten Rat, den sie je erhalten werden: Erzieht sie nicht, reich zu werden. Erzieht sie, glücklich zu sein, damit sie, wenn sie erwachsen werden, den Wert der Dinge kennen, nicht den Preis.

Ihr werdet sie lehren, worin der wahre Reichtum liegt. Sie werden lernen, auf ihrem eigenen und einzigartigen Pfad zu reisen, und darum geht es im Leben und in Sachen Glück.«

Der Bote blickte zum Horizont, als erinnere er sich an längst vergangene Augenblicke:

»Reist und entdeckt die wahre Bedeutung des Lebens und der Liebe. Glaubt mir, wenn ihr zurückkehrt, wird das, was ihr materiellen Besitz genannt habt, für euch nicht mehr den gleichen Stellenwert haben. Nutzt euren Besitz klug, aber macht euch nie davon abhängig. Teilt mit anderen, und das Wunder des Gebens ohne Gegenleistung wird sich schließlich in eurem Herzen einnisten. Behaltet nur das, was für ein angenehmes Leben ausreichend ist.

Entscheidet euch zu sein, anstatt zu haben.«

Manchmal ist das Leben ein Weg voller Schmerz und Leid

»Alles, was euch wehtut, soll euch etwas lehren. Wenn euch etwas weggenommen wird, dann deshalb, um euch zu lehren, auf eigenen Beinen zu stehen. Alles, was euch wütend macht, soll euch Vergebung und Mitgefühl lehren. Alles, was euch schmerzt, soll euch lehren, stärker zu werden. All euer Leiden soll euch bedingungslose Liebe lehren. Alles, was euch verängstigt, soll euch Mut lehren, um mit dieser Angst umzugehen. Alles, was ihr nicht kontrollieren könnt, soll euch lehren, loszulassen und dem Universum zu vertrauen.

Ihr habt so viel Strahlkraft in eurem Herzen. In düsteren Augenblicken habt ihr den Eindruck, das Licht sei weit weg, fern von euch. Aber Dunkelheit ist lediglich das Fehlen von Licht, mehr nicht. Wenn ihr in einem dunklen Zimmer die Tür öffnet und das Licht fällt herein, erhellt es den Raum. Steht ihr aber in einem hellen Zimmer, und die Türen gehen auf und die Dunkelheit fällt herein, wird sie das Licht im Raum nicht verdunkeln. Und das seid ihr: Ihr seid das Licht. Es ist immer in euch. Die Dunkelheit wird euren Raum, eure Seele niemals erfüllen.

Ja, liebe Brüder und Schwestern: Das Leben wird euch vor Herausforderungen stellen, die euch straucheln, ja sogar hinfallen lassen. Wie könnten wir schließlich ohne diese Momente der Dunkelheit lernen, stärker und weiser zu werden?

Zählt eure Schätze und beklagt euch nicht. Euer Leben ist das größte Geschenk, das ihr erhalten habt. Es wird nie perfekt sein, denn Perfektion ist nur eine Vorstellung. Zählt eure Segnungen und spürt Dankbarkeit anstatt zu glauben, ihr hättet sie verdient. Wir gewöhnen uns so leicht an all die wunderbaren Geschenke, die wir erhalten haben, dass wir bis zu dem Tag, an dem wir sie verlieren, keine Dankbarkeit empfinden. Lebt im Hier und Jetzt, seid euch all der Geschenke bewusst, die euch das Leben gemacht hat: Niemand weiß, wann sie verschwinden werden.

Denn das Leben wird die Stärke eurer Seele und eures Herzens immer auf die Probe stellen. Es ist ein Geschenk des Universums. Aber was wir mit unserem Leben anfangen, ist das beste

Geschenk, das wir dem Universum zurückgeben können.

Schmerz und Leiden werden stets Teil jedes Lebens sein. Lasst uns lernen, damit in Harmonie zu leben, bis sie abklingen, und was dann bleibt, ist eine Lektion, die wir lernen mussten.

Überwindet diese Momente, und in euer Herz wird wieder Friede einkehren.«

»Aber wie können wir wie du sein?
Du bist begnadet und gesegnet …«

DER BOTE blickte auf die vor ihm Sitzenden.

»Wir haben alle das Geschenk der Wahl erhalten, und ein Leben gründet sich auf den Entscheidungen, die wir treffen. Wir alle haben es verdient, glücklich zu sein. Wir sind alle Boten, begnadet und gesegnet. Wir haben die Wahl.

Warum ist es so schwierig zu erkennen, dass wir die Herren unseres eigenen Schicksals sind? Warum sollten wir weiterhin denselben Regeln folgen, die dazu geführt haben, dass wir uns schon viele Male besiegt fühlten? Die Welt braucht heute mehr denn je Menschen, die gegen die Idee aufbegehren, dass es ›normal‹ sei, in einer leeren, von Materialismus und äußerem Schein beherrschten Existenz nur zu leben, um zu arbeiten und Rechnungen zu bezahlen. Die Welt braucht Menschen, die keine Angst vor Veränderungen und keinen Grund haben zu verbergen, wer sie sind.

Nichts ist in Stein gemeißelt, nicht einmal der endlose Kampf, der in uns tobt, der Kampf, zu sein, was wir sein wollen, nicht was andere wollen, dass wir sind. Das Eingehen von Risiken ist immer mit Angst vor dem Unbekannten verbunden, aber der Alltagstrott wird unweigerlich der Tod der Träume bedeuten, die wir einst geträumt haben. Wir fühlen uns sicher, wenn wir uns mit Menschen umgeben, die ebenso ängstlich sind wie wir, ohne zu erkennen, dass wir nur in den gleichen Käfig der Angst tappen und Gefahr laufen, den Rest unseres Lebens in Angst vor der Angst zu leben. Wir glauben an Vorstellungen, die der Vergangenheit angehören, und ersetzen diese manchmal durch Flachbildschirme, die sich, wenn wir nicht aufpassen, in die neuen Herrscher unseres Lebens verwandeln werden. Wir leben in Angst vor dem Tod, ohne zu erkennen, dass wir das Leben manchmal sogar noch mehr fürchten.

Befreit euch davon und breitet eure Flügel aus, seid albern, lacht über euch selbst, reist, macht Fehler, atmet, seid einzigartig. Das Leben ist zu kurz, um euren Tag mit den Scherben von gestern zu beginnen. Denn derjenige, der nicht glaubt, gibt auf.«

Der Bote blickte auf den Ozean, als erinnere er sich an ferne Länder und die Lektionen, die er dort gelernt hatte.

»Wir sind alle gesegnet und begnadet! Aber vergesst nie, dass ich nur ein Mensch bin, der beschlossen hat, dass nichts unmöglich ist. Dass wir auf diese Welt gekommen sind, um glücklich zu sein, nicht um zu leiden. Wenn ein einfacher, normaler Mensch wie ich das tun konnte, dann kann es jeder.«

»Und was haben wir vergessen?«

SCHLIESSLICH STAND ein alter Mann mit einem Stock auf, der der Patriarch all derer zu sein schien, die sich an diesem Tag versammelt hatten, er trat vor und fragte:

»Und was haben wir vergessen, Bote, woran wir uns wieder erinnern sollten?«

»Danke für diese Frage, denn darum geht es bei allem, was heute gesagt wurde«, antwortete der Bote.

Er bat eine Mutter, ihr Baby kurz halten zu dürfen. Die Mutter trat vor und gab dem Boten das Kind. Er hielt es in seinen Armen, und alle Tiere kamen näher, um das kleine Baby zu beschützen und ihm nahe zu sein, als ob sie in ihm das Wunder spürten, was es bedeutet, ein Mensch zu sein.

Der Bote hielt das Baby und erhob sich:

»Liebe Brüder und Schwestern,
wir Menschen haben vergessen, dass wir Teil der Natur sind und immer sein werden, nicht etwa ihre Besitzer. Dass wir unsere Technologien und unsere Städte in schöne Orte verwandeln können, um unsere Menschlichkeit wieder zu spüren. Wir sollten nie vergessen, dass wir, wenn wir heranwachsen, genau wie kleine Kinder sind, die mit neuen Spielsachen spielen, dass wir, wenn wir sie genießen und das Beste aus ihnen machen, sie immer als das betrachten sollten, was sie sind: Spielsachen für Erwachsene.

Wir haben vergessen, dass das Wichtigste in unserem Leben immer die Zeit sein wird, nicht etwa, wie viel Gold wir angehäuft haben. Wir sollten nie vergessen, dass das Leben das schönste Geschenk ist, das das Universum uns gegeben hat, und dass das, was wir aus unserem Leben machen, das schönste Geschenk sein wird, das wir dem Universum zurückgeben können.

Denkt immer daran, dass es besser ist, etwas zu fühlen, als nichts zu fühlen. Vergesst nie, dass alle Antworten und Mittel, um ein glückliches und erfülltes Leben zu führen, bereits in euren Herzen und Seelen sind und sonst nirgendwo.

Ihr müsst euch nur daran erinnern und es nie mehr vergessen.

Wir haben vergessen, dass das Geben, ohne eine Gegenleistung zu fordern, immer besser ist als das Nehmen. Denkt stets daran, dass die wichtigsten Dinge im Leben kostenlos sind. Wir haben vergessen, dass derjenige, der ein Leben rettet, in Wahrheit ein ganzes Universum rettet. Denkt immer daran, dass wir, um wahres Glück zu finden, nur sehr wenige materielle Dinge benötigen. Wir haben vergessen, dass wahre Liebe die Welt tatsächlich verändern kann: dass Wörter wie Gier, Neid, Hass und Rache für immer aus unseren Herzen gelöscht werden sollten. Wir haben vergessen, dass Vergeben und Vergessen uns immer frei machen werden. Bedenkt, dass niemand wählt, wo und wie er geboren wird, dass wir einander respektieren sollten, für das, was wir sind, nicht dafür, wie wir aussehen. Wir haben vergessen, dass das Sterben nicht das Ende ist, sondern der Anfang von etwas Spektakulärem, genau wie das Alter nur eine Erfindung der Menschheit ist. Und wenn wir das Kind, das in uns lebt, nie vergessen, wird es dafür sorgen, dass wir uns nie alt fühlen.

Wir haben vergessen, dass das Gehen auf eigenen Füßen, aber auch unsere Träume uns zu dem Leben führen werden, das wir eigentlich leben sollen. Wir haben vergessen, dass Technik unser Leben einfacher machen kann, aber nicht unbedingt besser macht. Wir haben vergessen, uns lebendig zu fühlen, statt nur zu existieren. Denkt immer daran, dass wir unseren Geist nie mit Angelegenheiten befassen sollten, die nur unserem Herzen gehören. Wir haben vergessen, dass das Reich Gottes in uns ist, in der Natur und in allem, was gut ist, und sonst nirgendwo. Wir haben vergessen, dass es die einfachen Dinge des Lebens sind, die ein glückliches Leben ausmachen …

Schließt die Augen und entdeckt alles, was gut ist. Erinnert euch, wie leicht es war, nur mit den einfachen Dingen des Lebens glücklich zu sein: einem Lächeln, einem Kuss, einer Umarmung, einfach ohne Grund zu spielen und nur den Augenblick zu genießen. Jeder Tag ist ein guter Tag für einen Neubeginn, tilgt eure Schulden, esst, wenn ihr hungrig seid und schlaft, wenn ihr euch müde fühlt. Ein guter Tag, um einen alten Freund anzurufen, den du so sehr vermisst, mit dem du aber so lange nicht gesprochen hast. Ein guter Tag, um zu allen guten Menschen in eurem Leben und auch zu allen anderen ›Ich hab dich lieb‹ zu sagen. Ein guter Tag zu geben, ohne einen Grund dafür zu haben. Spielen bedeutet, Mensch zu sein.

Erinnert euch an die Vergangenheit, lebt im Hier und Jetzt und überlasst die Zukunft zukünftigen Träumen. Es ist besser, mit eurer Einsamkeit allein zu sein, als von denjenigen umgeben zu sein, die euch nie zuhören, euch nie verstehen oder euch nie so, wie ihr seid, akzeptieren. Räumt eure Videospiele weg und spielt das wahre Leben. Reist, atmet, lächelt und verliert nie die Fähigkeit, über die kleinen Dinge zu staunen, mit denen das Leben euch tagtäglich berührt. Seid immer ihr selbst und denkt nie darüber nach, ob ihr dazugehört oder nicht. Denn wenn ihr das nicht tut, werdet ihr es früher oder später bereuen.

Aber das Wichtigste von allem ist: Es ist so einfach, glücklich zu sein. Dass das Geheimnis eines glücklichen Lebens darin besteht, das ganze Leben hindurch einfach zu bleiben. Das Kind, das immer in uns leben wird, nie zu vergessen.

Ihm zuzuhören. Es wird euch stets daran erinnern und nie vergessen lassen, welch wahrer Schatz das Leben ist.

Vergesst niemals, dass ich nur ein einfacher Bote bin. Was ihr heute gehört oder gesehen habt, war nur meine Mission auf der Erde. Wenn heute nur eine einzige Seele fähig war, sich zu erinnern, habe ich meine Mission erfüllt.

Entscheidet euch, lieber zu sein, als zu haben. Entscheidet euch, immer zu leben anstatt nur zu existieren.«

III

DER TAG begann sich zu neigen. Viele Stunden waren vergangen, doch vielen der Versammelten kamen sie wie Augenblicke vor, denn es hatte sich bestätigt, dass die Wahrheit und die Liebe zeitlos sind. Die meisten derjenigen, die gekommen waren, um einem einfachen Boten zu lauschen, hatten Tränen in den Augen, und viele lächelten, während Kinder, Ältere und Fremde einander in die Arme schlossen. Man spürte Frieden in der Luft und in den Herzen derjenigen, die sich versammelt hatten.

Endlich hatten sie sich an das erinnert, was sie schon immer gewusst, aber vergessen oder aus Angst nicht auszusprechen gewagt hatten.

Doch dieses Mal würden sie es hoffentlich nie mehr vergessen.

— * —

DER BOTE wandte sich dem Ozean zu, aus dem er gekommen war, und lächelte. Die Legende besagt, dass diejenigen, die sich versammelt hatten, um Zeugen zu werden und zuzuhören, die Seele des weiten Ozeans sahen, ein helles blaues Licht, wie man es nie zuvor erblickt hatte. Und das Meer glühte vor Glück.

Der Bote umarmte den Seelöwen, der den Kopf an seine Brust gelegt hatte, küsste eine Möwe und streichelte eine schöne kleine Eidechse, die sich auf seine Schulter gesetzt hatte. Er wirkte müde, aber er wusste, dass es so sein musste.

Und er sagte:

»Am Horizont meines Lebens gibt es nichts anderes als Frieden und Weisheit, nun da die Wände des fragilen Körpers aus Liebe und Licht, die mich während meines Lebens erhellt haben, zu schwinden beginnen. Nun, da ich sagen kann, dass ich herausgefunden habe, worum es bei der wahren Liebe und den Märchen geht. Jetzt, da ich diesen schönen Planeten so viele Male umkreist habe und es keinen Ort gibt, der zu verborgen oder fern wäre, dass sich ein kleines Herz nicht danach sehnen würde. Nun, da ich weiß, was es bedeutet, sich den Toren der Hölle zu nähern und sogar den Himmel zu berühren. Jetzt, da ich während eines einzigen Lebens mehr als hundert Leben leben durfte. Nun, da ich den Unterschied zwischen Leben und Existieren kenne, zwischen dem, ein Gebender und ein Nehmender zu sein. Nachdem ich die Bedeutung der Zeit erkannt habe und damit gesegnet wurde, das, was mich das Leben gelehrt hat, mit so vielen freundlichen Seelen in dem Wissen zu teilen, dass die Mission und der Zweck meines Lebens für immer in den Herzen derjenigen, die sich an das heute Gesagte erinnern werden, nachwirken wird, gibt es am Horizont meines Lebens nichts anderes als Frieden und Weisheit. Deshalb ziehe ich es ab jetzt vor, der Herr meines Schweigens anstatt der Gefangene meiner Worte zu sein.«

Er blickte zum endlosen Horizont, wo sich die Sonne mit dem Meer vereinte:

»Vielleicht habe ich in meinem Leben nicht alles erhalten, was ich wollte, aber in jedem Fall alles, was ich brauchte. Ich vermute, mein Gebet wurde schließlich erhört.«

Der Bote blickte ein letztes Mal zu denjenigen, die ihm Gesellschaft geleistet hatten, und sagte:

»Vielleicht hat meine Sicht der Welt nur wenig mit der Realität zu tun, aber ich träume dennoch von einer Welt, in der nur Schönheit und wahre Liebe zu finden sind. Und das hier ist nur eine Einladung an euch alle, aus eurem Leben etwas Einzigartiges zu machen. Das Leben zu leben, wie ihr es euch niemals vorgestellt habt. Ihr habt die Wahl: zu leben oder einfach nur zu existieren. Zu sein, anstatt nur zu haben. Denn jeder von euch ist der einzige Herr seines Schicksals, niemand sonst.«

— * —

ER STAND auf, zog die wenigen Kleider, die er trug, bis auf die Haut aus, in der er zur Welt gekommen war. Er streichelte die Tiere, die gekommen waren, um den Moment mit ihm zu teilen, blickte zum Himmel hinauf und lächelte, während er den Felsen hinabzusteigen begann, auf den er gestiegen war. Er spürte den feuchten Sand unter seinen nackten Füßen, als er auf das endlose Meer zuging, aus dem er gekommen war. Sein Herzschlag hatte begonnen, schwächer zu werden, die Sonnenwärme streichelte sein Gesicht, der Wind jede Stelle seiner nackten Haut. Und der Legende nach wurde er eins mit dem Universum. Er wusste, dass seine Zeit gekommen war, und er würde niemals an einem Leben festhalten, das kein Leben mehr war. Er würde diese Welt auf die gleiche Weise verlassen, wie er gekommen war: mit einem Lächeln und sonst nichts.

Und es steht geschrieben, dass er auf das Meer zuzugehen begann, aus dem er gekommen war. Er ging weiter, als das Wasser und das Salz seinen Körper immer mehr bedeckten, und als er nicht mehr gehen konnte, trieb er auf den Horizont zu, von dem er wusste, dass er schon immer zu ihm gehört hatte. Und diejenigen, die am Ufer standen, sahen, wie er in der Unendlichkeit des Ozeans zu einem kleinen Punkt wurde, als sein Körper sich in Meerwasser zu verwandeln begann. Und in diesem letzten Augenblick bewahrheitete sich die Legende, weil er schließlich zu Wasser und Salz wurde … Ein unbegrenzter Tropfen in einem grenzenlosen Meer. Nur die Fußspuren blieben übrig, der einzige Beweis eines Botens der Liebe, der seinen Lebenszweck erfüllt hatte … Das Leben zu führen, das er leben sollte, und dadurch, dass er das tat, anderen half, sich an das zu erinnern, was sie wussten, aber vergessen hatten.

Über den Autor

SERGIO BAMBAREN wurde 1960 in Peru geboren, und studierte in den USA Chemotechnik.

Die Suche nach der perfekten Welle führte den passionierten Surfer um die ganze Welt. Mit seinem ersten Buch *Der träumende Delphin* gelang ihm auf Anhieb ein internationaler Bestseller, der auch in Hollywood verfilmt wurde.

Er gab daraufhin seinen Ingenieurberuf auf und widmet sich seitdem ganz dem Schreiben und seiner Leidenschaft für das Meer. Bisher sind von ihm 23 Bücher in über 40 Sprachen erschienen, die alle Bestseller und millionenfach verkauft wurden.

Sergio Bambaren lebt in Lima, ist Vizepräsident der Umweltschutzorganisation »Mundo Azul«, und setzt sich auch als Motivationsspeaker und Referent für die Umwelt und den Erhalt der Meere ein.

www.sbambaren.com

www.facebook.com/SergioBambaren.official.site

https://instagram.com/sergio_bambaren